시니 소마라(Shini Somara) 글

1978년 영국 런던에서 태어났다. 헨리에타 바넷 학교에서 공부했고 부르넬 대학에서 기계 공학을 공부했고 2003년 공학박사가 되었다. 기계 엔지니어이면서 미디어 방송인, 프로듀서 및 작가인 그녀는 BBC 과학 프로그램을 진행하고 어린이책 작가로 활동하면서 모든 사람이 과학과 기술과 친해질 수 있도록 열정을 다하고 있다.

나자 사렐(Nadja Sarell) 그림

핀란드에서 태어났다. 2004년 노스 웨일스 스쿨 오브 아트를 졸업했다. 주로 핀란드와 해외의 아동 도서 출판사와 일을 한다. 어린이 그림책의 삽화를 그리는 일이 가장 신이 나는데 특히 개성이 넘치는 생생한 캐릭터를 만들어 내는 작업을 무척 즐거워한다.

박정화 옮김

단국대학교에서 영문학을 전공하고 동대학원에서 영문학 박사 학위를 받았다. 현재 단국대와 백석대에서 강의를 하면서 어린이책 번역가로 활동하고 있다.

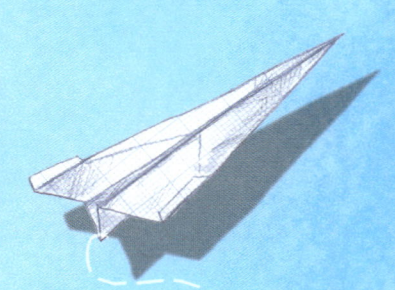

나는 엔지니어가 될 거야

시니 소마라 박사 글·나자 사렐 그림·박정화 옮김
처음 펴낸날 2021년 2월 25일 | 4쇄 펴낸날 2024년 5월 20일
펴낸이·김금순
펴낸곳·디엔비스토리
출판등록·제2013-000080호
주소·서울 광진구 천호대로 709-9 음연빌딩 2층
전화·(02)716-0767   팩스·(02)716-0768
이메일·ibananabook@naver.com
블로그·www.bananabook.co.kr

An Engineer Like Me
First published in Great Britain in 2020 by Wren & Rook
An imprint of Hachette Children's Group
Part of Hodder & Stoughton
Carmelite House, 50 Victoria Embankment, London EC4Y 0DZ
Copyright © Hodder & Stoughton Limited, 2020
All rights reserved.
Korean translation © Dnbstory Co. Bananabook, 2021
This edition is published by arrangement with Hodder and Stoughton Limited through KidsMindAgency, Korea.

이 책의 한국어판 저작권은 키즈마인드 에이전시를 통해 Hodder and Stoughton Limited와 독점계약한 디엔비스토리(도서출판 바나나북)에 있습니다. 신저작권법에 의해 한국 내에서 보호를 받는 저작물이므로 무단전재와 복제를 금합니다.
KC마크는 이 제품이 공통안전기준에 적합하였음을 의미합니다.
ISBN 979-11-88064-20-5 74840

• 바나나북은 크레용하우스의 임프린트이며 디엔비스토리의 아동·청소년 브랜드입니다.

나는 엔지니어가 될 거야

시니 소마라 박사 글 나자 사렐 그림 박정화 옮김

바나나BOOK

세아는 궁금한 게 참 많아요. 오늘 아침 세아는 창밖을 바라보다가 하늘을 날아가는 비행기를 보고 종이비행기를 만들었어요.

세아가 만든 종이비행기는 공중으로 떠올랐다가…… 잠시 허공을 맴돌더니……

바닥으로 뚝 떨어졌어요.

할머니가 세아를 지켜보다 물었어요.
"할머니가 해 볼까?"
할머니는 마술사처럼 종이비행기를 접어서 힘껏 날렸어요.

할머니의 종이비행기가 방을 가로 질러 휘익 날아갔어요!

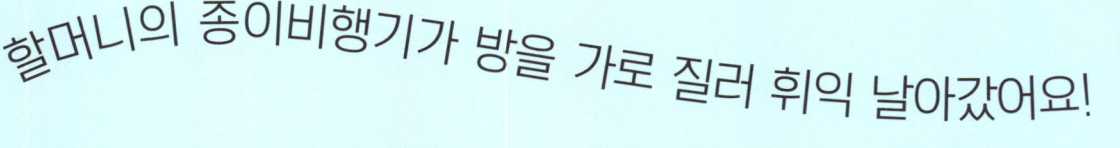

"할머니! 어떻게 한 거예요?"
세아가 물었어요.
"그건 나중에 알려 주마.
우리는 지금 갈 데가 있단다!"
할머니가 말했어요.

"할머니, 엘리베이터는 왜 타요?"
엘리베이터를 타며 세아가 물었어요.
"계단을 오르내리기가 힘들기 때문이지!
엘리베이터는 우리가 힘들이지 않고도 높은 건물을
오르내릴 수 있도록 해 준단다."
할머니가 대답했어요.

"할머니, 그런데 엘리베이터는 어떻게 움직여요?"
세아가 또 물었어요.

멀리 비행기 한 대가 날아가고 있어요.

비행기는 할머니가 세아의 방에서 날렸던 종이비행기보다
훨씬 거대하고 무거워 보였어요!

"그럼 저 차는 왜 모래를 밀어내고 있어요?"
세아가 불도저를 가리키며 물었어요.
"저 차는 불도저라고 하는데 크고 넓은 배토판이라는 철판으로 모래나 흙을 밀어 다른 곳으로 옮기거나 땅을 평평하게 만드는 거야."

배토판

바퀴 둘레에 벨트를 걸어
험한 길도 갈 수 있는 무한궤도 바퀴

세아는 땅 위에서 비행기의 그림자를 발견했어요.
"할머니, 비행기는 어떻게 날아요?"

"그건 잠깐 기다려 보렴."
할머니는 의미심장하게 말했어요.

할머니와 세아는 계속 걸어서 놀이공원을 지나갔어요.
롤러코스터가 쌩하고 빠르게 달리다가 거꾸로 뒤집어졌어요!

"할머니, 롤러코스터는
어떻게 거꾸로 매달려 있어요?"

할머니와 세아는 쇼핑몰에 도착해 에스컬레이터를 탔어요.
세아는 에스컬레이터를 물끄러미 바라보다 그 아래에 무엇이 있는지 궁금했어요.
"할머니, 에스컬레이터 아래에 뭐가 있길래 저절로 움직여요?"

전기 모터

순환 체인
전기 모터에 의해 계단을 움직이게 하는 체인

"에스컬레이터도 엘리베이터처럼 전기 모터가 있단다. 전기 모터는 계단 아래에 있는 순환 체인을 돌려 계단을 움직이는 역할을 하지. 자전거 체인과 같은 원리야!"

할머니는 서점으로 가서 주문한 책들을 받아 손수레에 넣었어요.

"할머니가 왜 손수레를 가져왔는지 알겠어요. 무거운 물건을 싣고 바퀴로 움직이면 훨씬 쉽게 운반할 수 있죠!"
세아가 말했어요.

할머니와 세아는 한참을 돌아다닌 후 카페에 왔어요. 세아는 또 궁금한 게 있었어요.
"할머니, 와이파이가 뭐예요?"
"와이파이는 무선으로 전 세계에 정보를 보낼 수 있는 장치를 말하는데
'전파'라고 하는 것을 이용한단다."
할머니가 친절하게 설명했어요.

'헤디 라머'라는 미국의 한 여배우는 오늘날 GPS, 와이파이, 블루투스 등에 사용되는 기술을 발명했습니다. 친구인 조지 앤타일과 함께 '주파수 도약'이라는 기술을 만들었지요.

'주파수 도약'은 하나의 주파수를 여러 개로 나눠 주파수를 바꾸면서 통신할 수 있는 기술입니다. 이후 군대는 이 기술을 사용해서 적군을 피해 안전하게 메시지를 보냈습니다. 오늘날 안전하게 무선 통신을 할 수 있는 핵심 기술이지요.

"헤디 라머는 정말 똑똑한 사람 같아요!" 세아가 말했어요. 할머니는 고개를 끄덕였어요. "헤디 라머는 훌륭한 엔지니어였고 발명하는 것도 좋아했지!"

집으로 가는 버스를 기다리는데 할머니가 지나가는 자동차들을 가리켰어요.
"이 자동차들 중 적어도 한 대는 훌륭한 엔지니어인 알리시아가 만든 것이란다!"

알리시아에스볼러 데이비스는 어릴 때부터 기계들이 어떻게 작동하는지 알아내는 것을 좋아했습니다. 집에 있는 다리미나 세탁기가 고장 나면 알리시아는 어떻게든 방법을 찾아 고쳤습니다!

뿐만 아니라 매년 크리스마스가 되면 언니와 오빠 그리고 동생들을 위해 새로운 장난감을 만들었습니다.

알리시아의 선생님은 알리시아에게 엔지니어가 되어야 한다고 말했지만 알리시아는 엔지니어가 무엇인지 몰랐습니다. 하지만 엔지니어에 대해 알게 된 후 자신이 엔지니어가 될 거라고 확신했습니다.

알리시아는 제너럴 모터스라는 자동차 회사에서 일하면서 자동차가 더 잘 달릴 수 있도록 여러가지 문제들을 해결했습니다. 이후 알리시아는 150개나 되는 자동차 생산 공장의 책임자가 되었답니다!

"와, 알리시아처럼 저도 물건을 만들고 고치는 걸 좋아해요!" 세아가 말했어요.

"세아는 레오나르도 다빈치에 대해 알고 있니? 세계 최초로 자동차를 설계했고 하늘을 날고 싶다는 꿈을 꾸며 비행기도 설계했지."
할머니가 말했어요.
"레오나르도 다빈치는 화가잖아요?"
세아가 어리둥절하며 말했어요.

대부분의 사람들은 레오나르도 다빈치를 화가로 알고 있지만 레오나르도 다빈치는 엔지니어로서 놀라운 발명품들을 설계했습니다.

레오나르도는 극장에서 무거운 소품을 옮기는 일이 힘들다고 생각했습니다. 그래서 스프링의 탄성을 이용해 밀지 않고도 움직이는 카트를 발명했습니다. 이후에 레오나르도는 태엽을 감아서 이동하는 태엽 자동차도 설계했지만 계속 태엽을 감아야 해서 주행은 불가능했습니다.

레오나르도는 비행을 꿈꾸며 첫 번째 낙하산을 설계했습니다. 그 낙하산은 피라미드 모양을 천으로 덮은 형태였습니다.

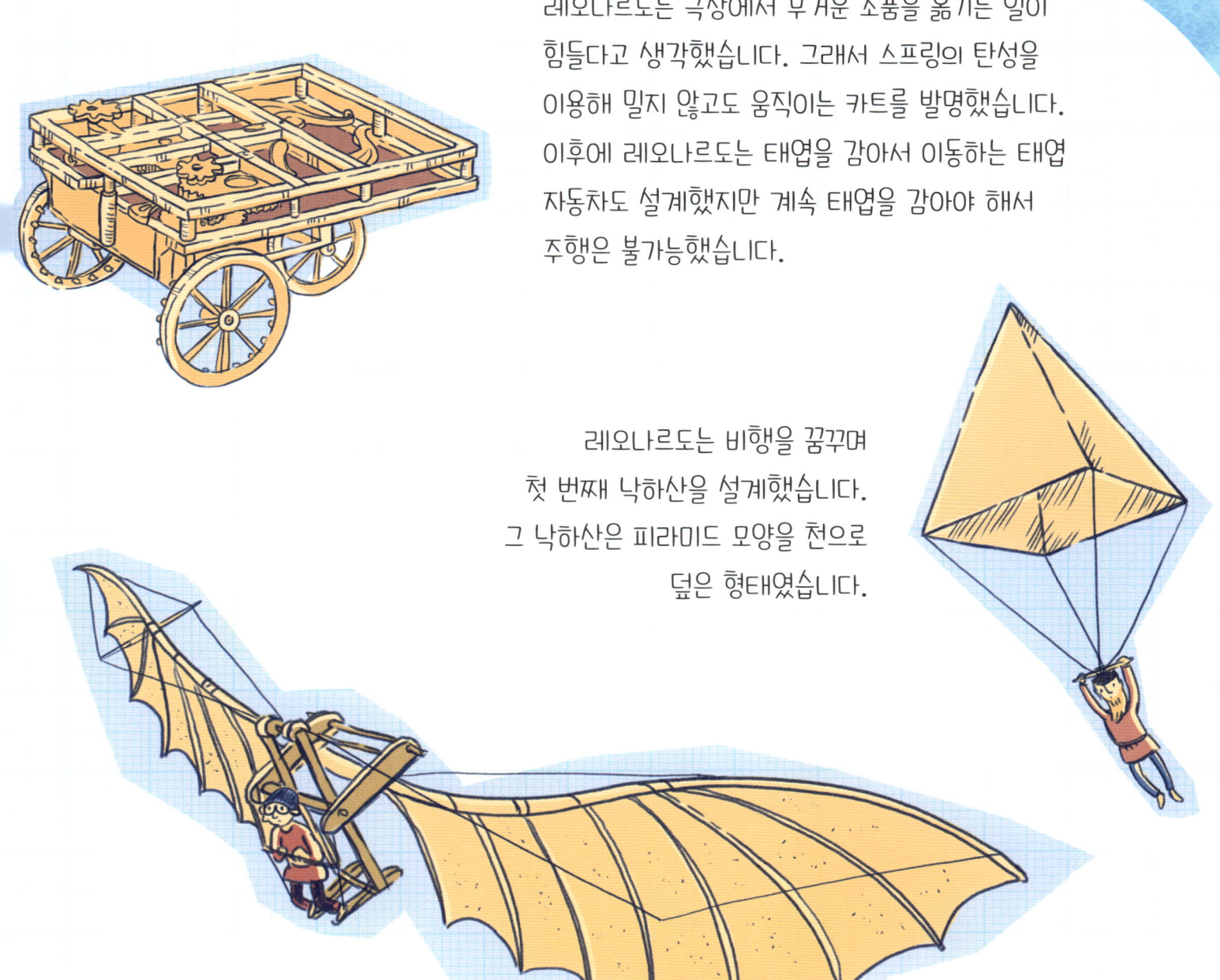

레오나르도는 오늘날 우리가 볼 수 있는 비행기와 크게 다르지 않은 '날개 달린 비행 기계'도 설계했습니다. 하지만 당시 과학 기술이 충분히 발달하지 않아서 실제로 만들어지지는 못했습니다.

"세아야, 저 고층 빌딩 보이니?"
할머니가 물었어요.
세아는 고개를 젖혀 올려다보아도 빌딩이 너무 높아서 꼭대기를 볼 수 없었어요!

파즐루 칸은 초고층 빌딩을 건설하는 방법을 찾고 싶었습니다. 빌딩이 아주 높으면 강풍과 지진으로 건물이 손상되거나 무너질 수 있기 때문에 무척 어려운 일이었습니다.

1963년 파즐루 칸은 새로운 공법을 생각합니다. 바로 고층 건물의 엄청난 무게를 건물 외부로 분배해서 지탱하는 설계 방법이었습니다. 이 공법은 이후 대부분의 고층 빌딩 설계에 사용되고 있고 파즐루 칸은 세계적인 구조 엔지니어로 손꼽히게 되었습니다.

세아와 할머니는 이야기를 계속하면서 버스를 탔어요.

세아는 한 남자가 자전거를 타고
힘들게 언덕을 오르는 모습을 보았어요.
"할머니, 저 사람은 왜 저렇게 느리게 가는 거죠?"
세아가 물었어요.

공기 저항
공기 속을 움직이는 물체가
공기로부터 받는 힘

중력
모든 물체를 행성의
중심으로 당기는 힘

"저것도 역시 중력이 자전거를 아래쪽으로 당기고 거기에 공기 저항이 더해져서 움직임을 느리게 만든 거란다! 그래서 자전거로 오르막길을 오를 때는 내리막길을 달릴 때보다 훨씬 느릴 수밖에 없지."
할머니가 설명했어요.
"우리 버스는 언덕에서도 빨라요!"
세아가 말했어요.
"버스에는 바퀴에 동력을 공급하는 엔진이 있어서 언덕을 더 빨리 오를 수 있게 해 주지. 하지만 자전거는 오직 사람의 다리 힘으로만 달린단다. 자, 이제 내려야겠구나. 집에 가기 전에 들를 곳이 한 군데 더 있단다!"

"와! 비행기다!" 세아가 소리쳤어요.

세아는 이렇게 가까이에서 비행기를 본 적이 없었어요.

엔지니어가 트럭에서 긴 튜브를 꺼내 비행기 날개 아래의 움푹 들어간 곳에 튜브를 고정하고 연료를 채웠어요.

"그러니까 비행기도 자동차나 버스처럼 연료를 사용하는군요. 하지만 할머니, 비행기는 어떻게 날 수 있죠?"
세아가 물었어요.

"비행기는 자동차와 마찬가지로 엔진의 힘을
사용하지만 날개가 매우 중요한 역할을 한단다.
공기가 볼록한 날개 위쪽으로 빠르게 지나가면서 비행기를
위로 밀어 올리는 강력한 힘을 만들어 낸단다.
정말 대단한 기술이지?"

"할머니는 어떻게 비행기에 대해 그렇게 잘 알아요?"
세아가 물었어요.

"할머니는 비행기를 설계한단다. 조금 전에 이야기했던 사람들처럼 할머니도 엔지니어란다. 최고의 직업이지. 늘 새로운 것을 연구하고 문제점을 해결한단다. 엔지니어가 된다는 건 어떤 일을 끝까지 해낸다는 거야. 실패할 수도 있지만 성공할 때까지 계속 시도하는 거지!"

세아는 미소를 지으며 말했어요.
"할머니, 저 질문이 하나 더 있는데요."

"어떻게 하면 할머니 같은 엔지니어가 될 수 있어요?"

세상에는 다양한 엔지니어가 있어요.
엔지니어는 호기심과 열정으로
주변의 모든 것을 관찰합니다.
여러분도 엔지니어가 되고 싶나요?
그러면 주변의 모든 것에 대해 관찰하고
질문하는 시간을 가져 보세요.

비는 왜 어떤 물질은 타고 흘러내리고
어떤 물질에는 흡수될까요?

왜 뜨거운 음식은
결국 차갑게 식을까요?

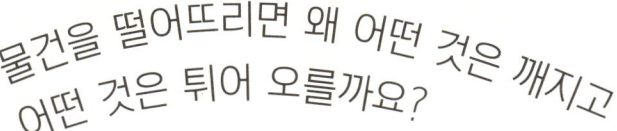

물건을 떨어뜨리면 왜 어떤 것은 깨지고
어떤 것은 튀어 오를까요?

우리가 살고 있는 세상을 더 잘 이해하면
우리가 가진 문제를 알게 되고 더 나아가
문제를 해결하게 됩니다.
이것이 엔지니어들이 하는 일이에요!

엔지니어는 문제를 어떻게 해결할까요?

예를 들어 달걀을 깨뜨리지 않고 높은 곳에서 떨어뜨리려 한다고 가정해 볼까요? 엔지니어라면 이 문제를 해결하기 위해 몇 가지 아이디어를 생각해 내고 실험을 할거예요.

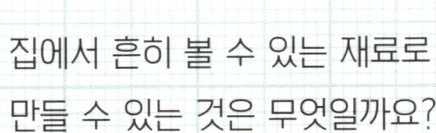

집에서 흔히 볼 수 있는 재료로 만들 수 있는 것은 무엇일까요?

골판지나 종이 또는 플라스틱은 집에서 흔하게 버려지는 물건이지만 엔지니어들은 이 물건을 재활용해서 새롭게 만들어 냅니다.

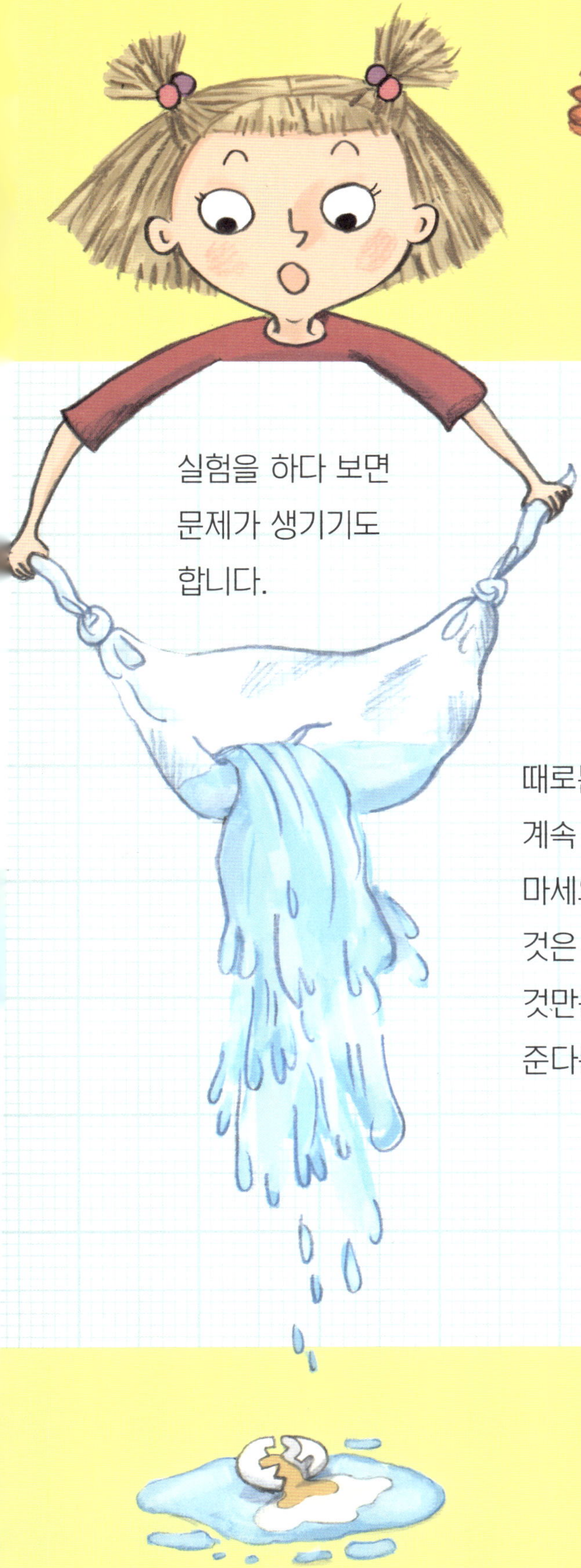

실험을 하다 보면
문제가 생기기도
합니다.

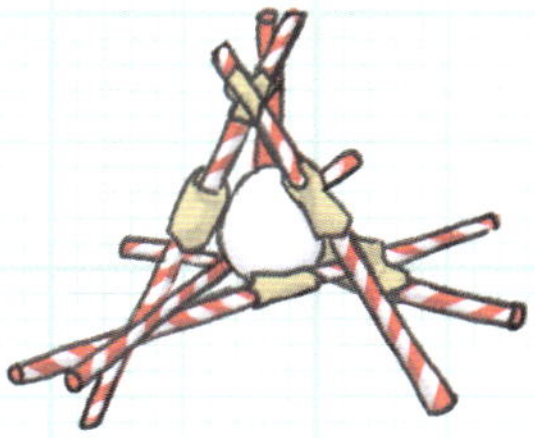

때로는 답을 찾기가 쉽지 않겠지만
계속 도전하는 것을 두려워하지
마세요. 효과가 없는 것을 발견하는
것은 효과가 있는 것을 발견하는
것만큼이나 우리에게 깨달음을
준다는 사실을 기억하세요.

자신의 아이디어를 탐색하고
상상력을 자유롭게 발휘하세요!

훌륭한 엔지니어는
세상을 더 나은 곳으로 만든답니다!

엄마, 소라야, 샬린, 그리고 내가 가장 좋아하는 엔지니어이자 공학에 대해
처음으로 영감을 준 우리 아빠에게, 모든 지원과 사랑에 감사드리며
— 시니 소마라

종이비행기 및 항공 전문가이자 가장 큰 영감의 원천인 나의 아들에게
— 나자 사렐

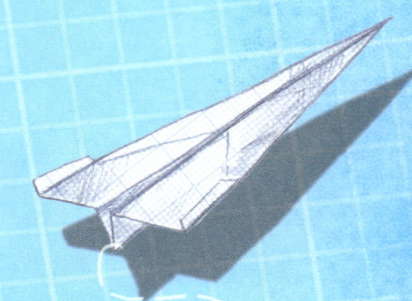